JN411780

다있소
과학
1 최고의 문구왕을 뽑아라
°C °F
윤자영 글 ★ 노이신 그림
다른어린이

다있소 상점에 과학 다 있어!

이 책을 펼친 여러분! '다있소'(응, 그 국민가게!) 가면 뭐부터 집어 드는 편이야? 연필? 샤프? 형광펜? 아니면… 신기한 파티용품?

근데 말이야, 그 매대 위에 놓인 물건들, 그냥 싸고 귀엽기만 한 게 아니야. 그 안에 사실은 작은 실험실이 숨어 있거든. 매일 쓰는 물건들이 "내 안에 과학 있소!" 하면서 손들고 기다리고 있다니까.

이 책에서는 가만히 놓여 있던 문구 용품들이 급기야 움직이기 시작해. 둘씩 짝지어서 '과학 대결'을 벌이지. 연필이랑 샤프가 "내가 더 잘 써!" 하면서 우기고, 색연필이랑 크레파스가 색 섞기 싸움을 하고, 눈 스프레이랑 풍선은 누가 더 빨리 부풀어 오르나 으스대지.

이 흥미진진한 대결에 빠져 있다 보면 여러분은 어느새 마찰력, 빛의 반사, 색의 혼합, 증발, 에너지 같은 과학 개념을 익히게 될 거야. 억지 공부가 아니라 그냥 구경하면서 "어라?" 하다 "아하!" 하는 거지.

그러니까, 앞으로 여러분은 단지 물건을 사는 사람이 아니라 과학을 발견하는 탐정이라는 걸 명심해(참고로 이 책을 쓴 과학 선생님의 부캐는 '추리 소설가'라고!). 이제 다있소 매대를 지나가다가 이렇게 중얼거리게 될걸?

"어… 이거… 과학인데?"

자, 이제 문구 하나 집어. 그리고 마음속으로 외쳐 봐.

"다있소 상점에… 과학 다 있어!"

차례

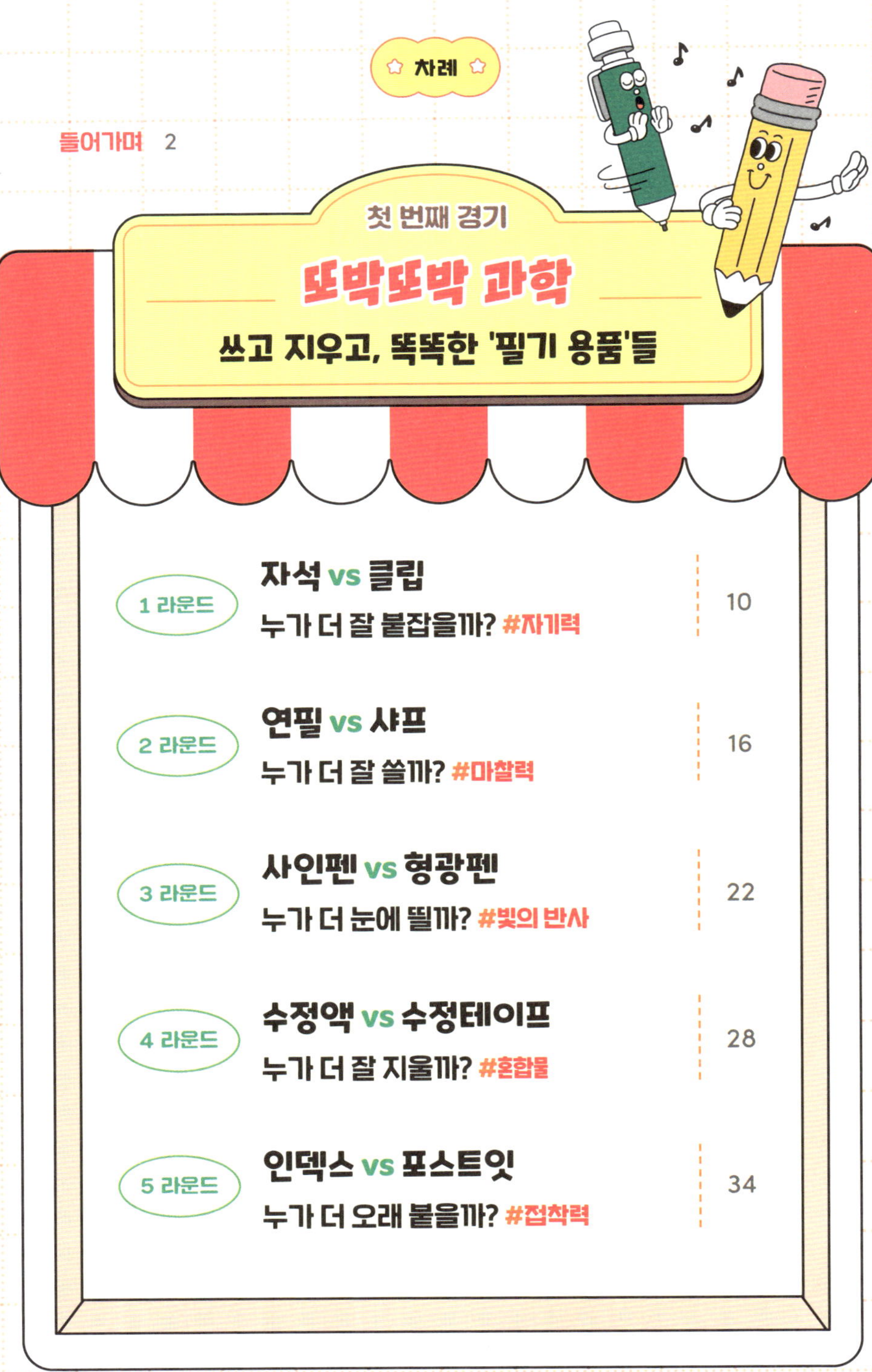

첫 번째 경기

또박또박 과학

쓰고 지우고, 똑똑한 '필기 용품'들

두 번째 경기

알록달록 과학

그리고 붙이고, 즐거운 '미술 용품'들

세 번째 경기

두근두근 과학

반짝반짝 펑, 신나는 '파티 용품'들

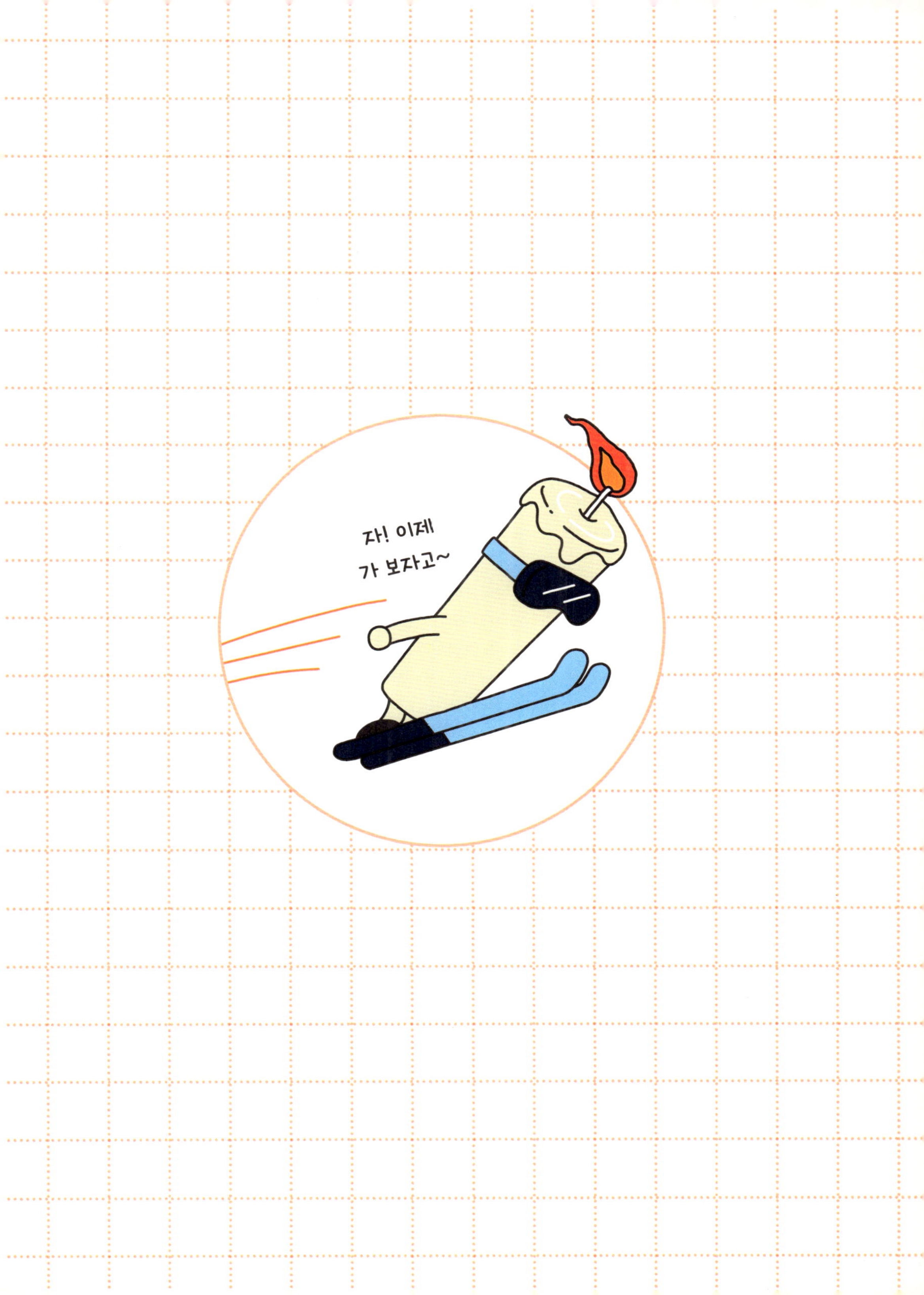
자! 이제
가 보자고~

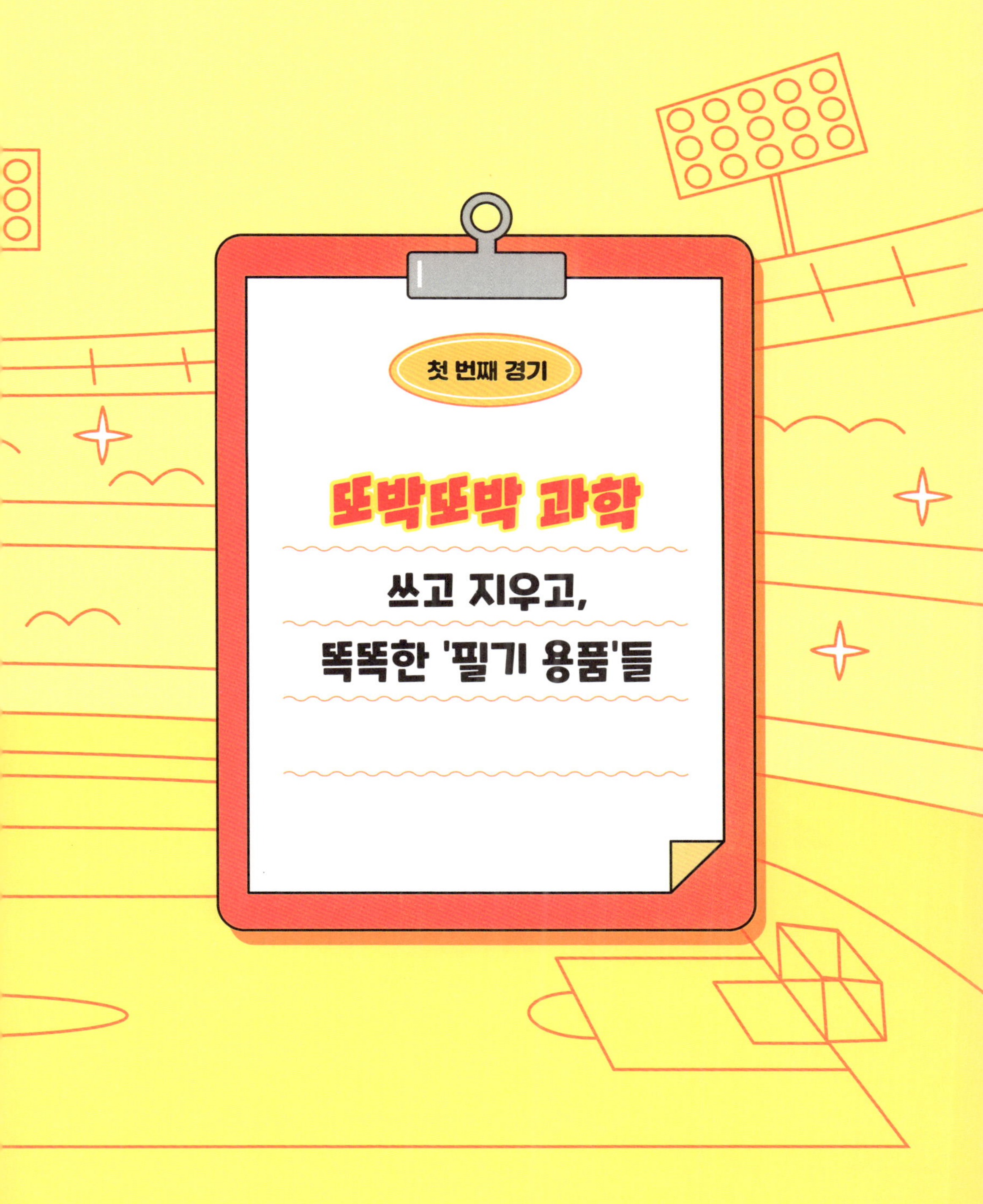

첫 번째 경기

또박또박 과학

쓰고 지우고, 똑똑한 '필기 용품'들

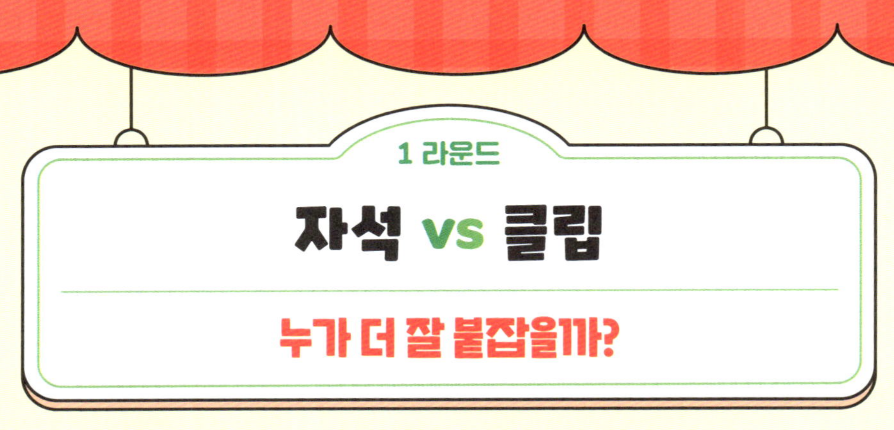
1 라운드
자석 vs 클립
누가 더 잘 붙잡을까?

어?! 잡혔다!!!

#자기력

공부할 때 중요한 내용을 프린트해서

금속으로 된 책상이나 보드에

붙여 놓지? 이럴 때 자석을 쓰곤 해.

학교 칠판에 안내문을 붙일 때도 딱이야.

하지만 종이를 여러 장 모아 놓을 때는?

클립이 편하지. 이렇게 뭔가

잡아서 고정할 때 쓰는 자석과 클립.

각각 어떤 과학 원리가 작용할까?

교과 연계

초등 3학년 1학기	힘과 우리 생활
초등 4학년 1학기	자석의 이용
초등 6학년 2학기	전기의 이용

떨어져 있어도 닿는 신기한 자석의 힘

자석 가까이에 옷핀이나 클립을 뿌리면 우르르 달라붙는 거 본 적 있어? 자석은 떨어져 있는 물체에도 힘이 닿아. 이러한 힘을 **자기력**이라고 해.

자기력을 이해하려면 먼저 **원자**라는 친구부터 만나야 해. 원자는 물질의 특징을 나타내는 가장 작은 단위야. **원자핵**과 그 주변에 퍼져 있는 **전자**로 이루어져 있어. 전자는 팽이처럼 돌아가면서 자기력을 만들어. 전자 하나가 작은 자석인 셈이지.

자기력은 철 같은 금속에서 특히 강하게 나타나. 하지만 유리나 플라스틱에서는 거의 느낄 수 없지.

더 있소!

공처럼 생긴 자석 본 적 있어? 없다고? 아니, 이미 우리가 알고 있는 공 모양 자석이 있어. 바로 지구! 지구는 하나의 커다란 자석이야. 그래서 지구의 북쪽과 남쪽 방향을 알려 주는 나침판 바늘도 자석으로 되어 있는 거지.

서로 달라야 좋은 '밀당'의 과학

자석에 철가루를 뿌리는 실험 해 봤어? 그럼 자석 주변으로 철가루가 둥글게 퍼지는 걸 볼 수 있어. 이렇게 자석의 영향을 받는 공간을 **자기장**이라고 해. 그중에서도 자석의 양쪽 끝으로 갈수록 철가루가 촘촘하게 붙어. 그만큼 자기력이 강하단 뜻이지.

자석의 양쪽 끝을 각각 N극과 S극이라고 해. 자석 바깥에서 자기장은 N극에서 나와 S극으로 들어가. 그래서 같은 극끼리는 서로 밀어내고, 다른 극끼리는 서로 당기는 거야.

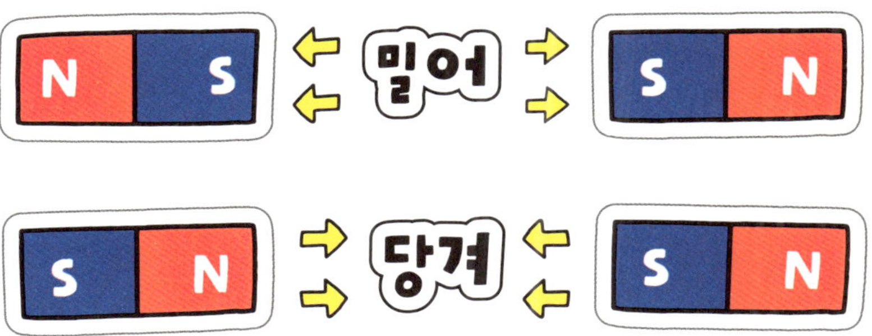

넌 자기력!
난 탄성력!

이번엔 자석과 클립을 비교해 보자. 둘 모두 종이나 메모를 고정하거나 정리하는 데 필요한 문구야. 누구든 안전하고 간단하게 사용할 수 있는 게 장점이지.

앞에서 알아본 것처럼 자석에 자기력이라는 힘이 있듯, 클립에는 탄성력이 있어. 탄성력은 물체가 모양을 바꾸었다가 원래 모습으로 돌아가려는 힘을 말해. 스프링이나 고무줄을 당겼을 때를 떠올려 보면 이해가 쉽지.

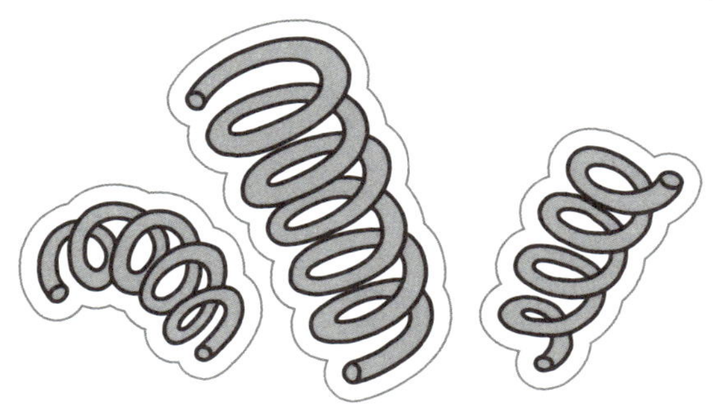

클립에 종이를 끼울 때도 클립이 잠시 벌어졌다가 원래 모양으로 다시 돌아가잖아. 그래서 종이 몇 장을 묶어 둘 수 있는 거지.

생활 속 과학

자기력은 어디에 쓰일까?

1. 스피커

스피커 안에는 자석이 들어 있다. 자기력의 변화에 따라 울림판이 울리면서 소리를 만든다.

2. 전기차

전기차의 시동을 걸면 전기가 모터로 들어간다. 그러면 모터 안에 있는 자석과 전류로 인해 자기력이 생긴다. 이 힘으로 차의 바퀴가 움직인다.

3. 자기공명영상(MRI)

병원에서 우리 몸의 내장 기관을 봐야 할 때 MRI를 찍는다. MRI 기계 속에는 강한 자석이 들어 있어서 우리 몸속의 수소 원자들이 같은 쪽을 보게 만든다. 이때 발생한 신호를 그림으로 바꿔서 장기 모양을 자세히 볼 수 있다.

2 라운드
연필 vs 샤프
누가 더 잘 쓸까?

종이 위에서 나는야
피겨 여왕이야 ~

#마찰력

수업 시간에 어떤 필기구를 가장 자주 써?
썼다가 지워야 할 때도 많으니까
아무래도 연필이나 샤프가 편할 거야.
연필과 샤프는 마찰력을 통해
글씨를 쓸 수 있다는 점은 같지만, 다른 점도 있어.
두 필기구를 다스리는 마법 같은 힘,
마찰력이란 무엇일까? 그리고 어느 쪽에 더
마찰력이 세게 작용할까?

교과 연계

초등 3학년 1학기	힘과 우리 생활
초등 6학년 1학기	물체의 운동
중학 1학년 2학기	힘의 작용

글씨가 써지는 게 마찰력 때문이라니 무슨 말인가 싶지? 이걸 이해하려면 일단 연필심과 샤프심이 어떤 물질로 이루어져 있는지를 알아야 해. 바로 **흑연**이지. 흑연은 원소 중에서 **탄소(C)**로만 이루어져 있어.

흑연은 탄소들끼리 느슨하게 결합되어 있어서, 부드럽고 잘 부서지는 게 특징이야. 종이에 흑연으로 만든 심을 댄 채 움직이면, **마찰력** 때문에 심의 끝이 조금씩 떨어져 나와. 그 가루가 종이에 달라붙으면서 글씨를 이루는 거지.

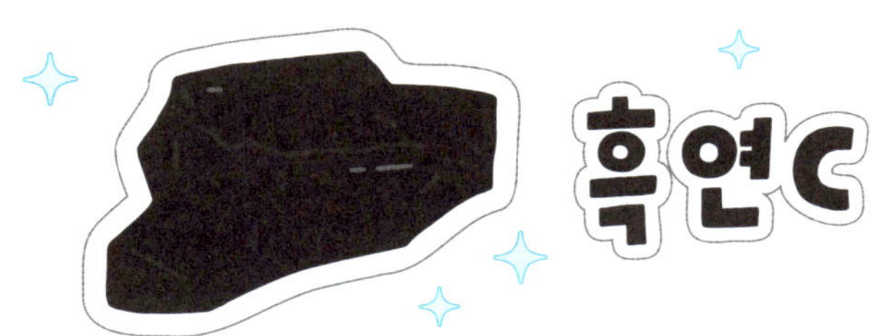

바닥이 거칠수록, 세게 누를수록

마찰력이란, 맞닿아 있는 물체들이 서로 미끄러지지 않도록 해 주는 힘이야. 어떤 물체가 한쪽으로 움직이려고 할 때 그 반대쪽으로 작용해서 움직임을 방해하지.

마찰력은 어떤 조건에서 강해질까? 유리창에 연필로 글씨를 쓴다고 생각해 봐. 심이 그냥 미끄러져서 글씨가 안 써질 거야. 유리 표면이 매끄러워 마찰력이 거의 작용하지 않거든. 반대로 종이에, 특히 질감이 거친 종이에 글씨를 쓰면 흑연이 진하게 묻어 나올 거야.

같은 종이에 글씨를 쓰더라도, 연필을 쥔 손에 힘을 실어서 꾹꾹 눌러쓰면 어떨까? 글씨가 더 진해져. 위에서 아래로 누르는 힘이 강할수록 마찰력이 커지기 때문이야.

더 있소!

알고 보면 지우개로 글씨를 지우는 것도 마찰의 원리야. 지우개를 종이에 문지를 때 두 물체 사이에 강한 마찰력이 생기면서 흑연 가루를 떼어 내는 거지.

연필과 샤프의 '예리한' 차이

연필심과 샤프심은 둘 다 흑연에 점토를 섞어서 만들어. 하지만 샤프심이 연필심보다 훨씬 강하게 압축되어 있기 때문에 더 가느다란 거야. 그렇다 보니 작은 글씨를 쓰거나 정밀한 선을 그을 때 알맞지.

연필심은 샤프심보다 더 부드럽고 두껍기 때문에, 흑연이 더 많이 묻고 종이에 닿는 면적도 넓어. 그래서 같은 힘으로 쓸 때 샤프보다 더 진한 글씨가 나오는 거야.

그림을 스케치할 때 쓰는 4B 연필을 생각해 봐. 여기서 'B'는 'black(검다)'을 뜻해. B 앞의 숫자가 커질수록 심이 부드러워서 더 진하게 써지지.

생활 속 과학

마찰력 없이 못 살아!

1. 미끄러지지 않게 도와줘

- **운동화 밑창** 울퉁불퉁한 고무 밑창이 바닥에서 미끄러지지 않게 한다.
- **고무장갑** 그릇을 씻을 때 놓치지 않게 잡아 준다.
- **타이어** 도로 위에서 달리던 차를 멈춰 세운다.

2. 문질러서 없애 줘

- **수세미** 그릇에 묻은 찌꺼기를 떼어 낸다.
- **때수건** 피부에 쌓인 때를 벗겨 낸다.

3. 제자리에 꽉 붙잡아 줘

- **고무패드** 책상 위 물건이 밀려서 움직이지 않게 도와준다.
- **나사** 서로 다른 물체를 연결할 때 돌려서 꽉 조이면 단단히 고정된다.

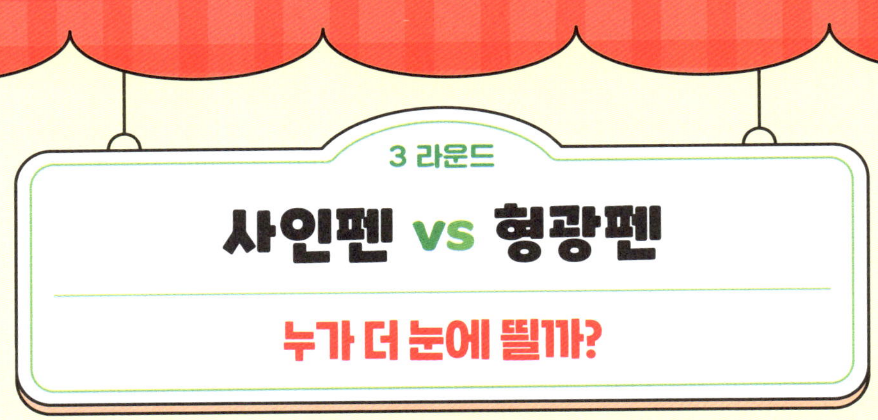

3 라운드

사인펜 vs 형광펜

누가 더 눈에 띌까?

#빛의 반사

공부할 때 중요한 부분에 형광펜으로 밑줄을 긋지?

눈에 확 띄어서 알아보기 쉬우니까.

그런가 하면 사인펜은 다양한 색깔이 있어서

여러 가지 내용을 쓰기에 좋아.

이런 색들은 어떤 원리로 나타나는 걸까?

색에 대해 알기 위해서는

빛의 성질부터 이해해야 해.

교과 연계

초등 5학년 1학기	빛의 성질
중학 2학년 1학기	빛과 파동

색을 본다는 건 빛을 본다는 것

눈으로 물체의 색을 본다는 건, 물체에서 반사된 빛을 본다는 뜻이야. **빛의 반사**가 어렵다고?

초록색 나뭇잎을 예로 들어 보자. 나뭇잎의 엽록소는 햇빛 중에서 초록빛을 주로 반사하고, 그 외 색은 거의 흡수해 버려. 그러니까 우리 눈에는 나뭇잎이 반사된 초록빛으로 보이는 거지.

그런데 대체 빛의 정체는 뭘까? 과학적으로 빛은 **파동** 중 하나야. 바닷물이 흔들리며 퍼지는 걸 '파도'라고 하지? 그처럼 진동이나 에너지가 퍼져 나가는 현상을 '파동'이라고 해.

파동은 물결이 출렁거리는 것처럼 같은 모양으로 되풀이되는 게 특징이야. 출렁이는 물결의 꼭대기와 다음 꼭대기 사이의 거리를 '파장'이라고 불러. 파장이 얼마나 길고 짧은지에 따라서 빛의 종류가 달라져.

보이는 빛부터 안 보이는 빛까지

빛에는 여러 종류가 있는데 그중에서 사람 눈에 보이는 빛을 **가시광선**이라고 불러. 빛에 뾰족뾰족 가시가 있냐고? 아니! 여기서 '가시'는 한자야. 가능할 가(可), 볼 시(視), 한마디로 '볼 수 있다'는 뜻이지.

비가 그친 뒤 하늘에 무지개가 뜬 걸 본 적 있어? 일곱 가지 무지갯빛이 바로 가시광선이야. 빨강 → 주황 → 노랑 → 초록 → 파랑 → 남색 → 보라 순서로 부드럽게 이어져.

가시광선과 달리 눈에 보이지 않는 빛은 뭐가 있을까? 먼저 **자외선!** 자외선을 쬐면 우리 피부가 벌겋게 타고 세포가 손상을 입어.

그 외에 피부를 통과해서 뼈 사진을 찍을 수 있는 X선, 리모컨이나 카메라에 사용되는 적외선 등이 있지.

흡수했다 내보내는 형광펜, 그대로 반사하는 사인펜

형광펜은 말 그대로 **형광** 현상을 이용한 펜이야. 형광 물질이 자외선 등을 흡수했다가 가시광선으로 내뿜으면서 더 선명하게 보이는 거야. 달리 말하면, 보이지 않는 빛을 받아서 우리 눈에 보이는 밝은 빛으로 바꿔 주는 효과지.

이와 달리 사인펜의 잉크는 형광 물질이 아닌 색소로 만들어져. 색소마다 가시광선에서 흡수하는 빛과 반사하는 빛이 달라서 색이 다르게 나타나는 거지. 색소들을 이리저리 섞어서 얼마든지 다양한 빛깔을 만들 수 있어.

생활 속 과학

형광 물질은 왜 필요할까?

1. 빨래

형광 물질이 들어 있는 세탁 세제로 옷을 빨면 더 하얗고 밝게 보인다.

2. 돈·카드

지폐나 신용카드에 자외선 불빛을 비추면 보이지 않던 형광 무늬가 드러난다. 혹시 이 무늬가 안 보인다면 불법으로 만든 것이므로 즉시 신고해야 한다.

3. 안전용품

도로 표지판이나 안전 조끼 디자인에 형광이 많이 쓰인다. 자동차 불빛이나 자외선을 받으면 반짝 빛나서 눈에 잘 띄게 하고 혹시 모를 사고를 막아 준다.

4. 의료용품

검사용 약품에 형광을 사용하면 세균이나 세포, 입속 충치 부위 등을 관찰하기에 편리하다.

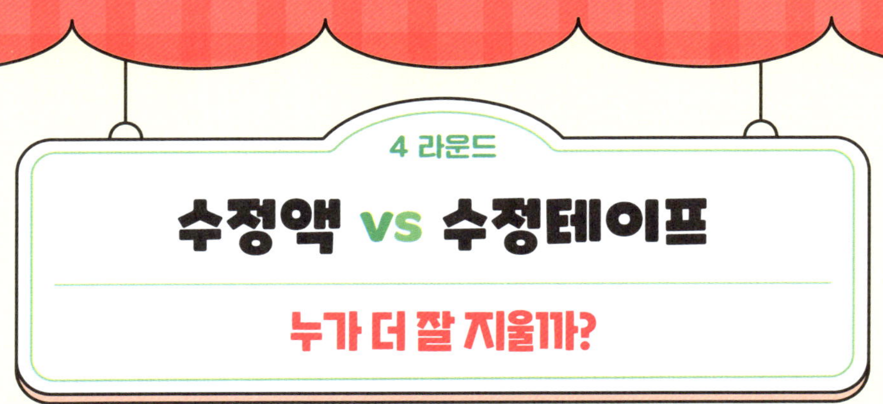

4 라운드

수정액 vs 수정테이프

누가 더 잘 지울까?

#혼합물

"사랑을 쓰려면 연필로 쓰세요.
틀리면 지우개로 깨끗이 지워야 하니까~"
오래전 인기 가요 가사 중에 하나야.
지금은 사랑을 볼펜으로 써도 괜찮지 않을까?
왜냐면 수정액과 수정테이프가 있으니까!
그중 먼저 나온 수정액은 여러 물질이 섞인
혼합물이야. 어떤 원리로 글자를 지울까?

교과 연계

초등 3학년 2학기	물체와 물질
초등 4학년 1학기	물의 상태 변화
초등 5학년 2학기	혼합물의 분리

물질의 세 가지 얼굴

물질은 **고체, 액체, 기체** 세 가지 상태로 나뉘어. 고체는 모양이 굳어져 있지만, 액체는 어디 담기느냐에 따라 모양이 달라지지. 기체도 공간에 따라 모양이 달라지지만, 액체와 달리 눈에 보이지 않아.

물을 예로 들어 볼까? 물은 액체야. 물이 얼면 고체인 얼음이 되고, 끓으면 기체인 수증기가 되지. 이처럼 모든 물질은 온도와 압력에 따라 세 가지 상태로 존재할 수 있어.

그런데 왜 상태가 달라지는 걸까? 그건 바로 물질을 이루는 아주 작은 알갱이인 **분자** 때문이야.

분자끼리 서로 꼭 붙어 있어서 잘 움직이지 못하면 고체! 분자가 자유롭게 흘러 다닐 수 있으면 액체! 그럼 기체는? 맞아. 분자가 이리저리 날아다니는 거지.

추우면 붙고, 더우면 떨어지고

분자 하나하나를 우리라고 생각해 보자. 우리가 교실에 있는데 온도가 영하로 내려가면 어떨까? 너무 추워서 서로 껴안고 움직이지 않겠지. 그러다가 온도가 슬슬 올라가면 어떨까? 이제 따뜻해서 다들 떨어지기 시작할 거야. 그러다 너무 더우면? 교실 이곳저곳으로 흩어지겠지. 그러다 교실 문이 열리면 기다렸다는 듯 바깥으로 몰려 나갈 거고.

분자도 똑같아. 온도에 따라 고체에서 액체, 그리고 기체로 변하면서 점점 서로 멀어지기 때문에 물질의 부피가 커지는 거지.

더 있소!

부피는 보통 고체 < 액체 < 기체 순으로 커져. 그런데 물은 예외야. 얼음(고체)이 물(액체)보다 부피가 더 크거든. 얼음 상태에서 물 분자들끼리 뭉치는데, 이때 벌집처럼 구멍이 숭숭 난 결정이 만들어지지. 구멍이 많으니 오히려 부피가 커지는 거야.

지울 글자만 빠르게 지우자!

수정액은 1951년 미국의 은행에서 비서로 일하던 베티 그레이엄이 발명했어. 타자기로 글을 쓰다가 글자를 틀리면 그 부분만 지우기 위해서였지. 템페라라는 흰색 그림 물감으로 수정액을 개발했다고 해.

요즘 수정액은 보통 용매, 안료, 합성수지를 섞은 **혼합물**이야. **용매**는 물질을 녹이는 액체, 안료는 색을 내는 가루, 합성수지는 잘 달라붙게 해 주는 끈적끈적한 물질이지.

수정액을 바르고 시간이 지나면 고체처럼 굳잖아. 수정액에 든 용매가 기체로 바뀌어 증발하면서 흰색 고체 성분만 막으로 남아 글씨를 가려 주는 거야. 하지만 수정액이 마르는 데 시간이 걸리고 냄새가 나서 불편했어.

그래서 1980년대 일본 기업에서는 수정테이프를 개발했어. 투명한 필름 위에 흰색 안료와 합성수지를 얇게 입힌 형태였지. 수정액처럼 마르기를 기다리지 않고 바로 글씨를 덮을 수 있어서 편리했어.

생활 속 과학

혼합물 속에서 나와라

1. 젖은 빨래가 마를 때

옷감과 물로 이루어진 혼합물에서, 물이 증발해 공기 중으로 사라진다.

2. 수채화 그림을 그릴 때

물감 속 물이 증발하고, 안료와 결합제가 종이 위에 남아 색을 이룬다.

3. 벽지를 바를 때

벽에 바른 풀 속 액체 성분이 증발하고, 끈적한 고체 성분만 남아 벽지를 붙잡는다.

4. 천일염(소금)을 만들 때

바닷물을 가두면 햇빛에 물이 증발하고, 소금 결정이 하얗게 남는다.

5 라운드

인덱스 vs 포스트잇

누가 더 오래 붙을까?

뭔가를 붙일 때 쓰는 접착제!

근데 접착력이 강하면 무조건 좋을까?

부러진 물건을 고칠 때는 그렇겠지만,

인덱스나 포스트잇은 아니야.

책이나 노트에 중요한 부분을 표시하는 건데

한번 붙였다 떼지 못한다면 곤란하지.

이것들은 대체 어떤 원리로

'적당히' 붙어 있는 걸까?

교과 연계

초등 3학년 1학기	힘과 우리 생활
초등 3학년 2학기	물체와 물질
초등 6학년 1학기	물체의 운동

구슬 모양으로 약한 접착력을

접착력은 두 물체가 서로 달라붙는 힘이야. 포스트잇(점착 메모지)에는 접착력을 가진 특별한 풀이 발라져 있어서 종이에 붙일 수 있지. 이 풀은 작은 알갱이 형태로 이루어져 있어. 쉽게 말하자면 아주 작은 구슬 모양 접착제인 셈이지.

그래서 포스트잇은 본드처럼 단단하게 달라붙지 않아. 구슬 모양의 둥근 윗부분만 종이에 닿기 때문이야. 닿는 면적이 작으니 접착력도 약해질 수밖에 없지.

게다가 구슬 모양 접착제는 포스트잇을 떼어 낼 때 같이 떨어져 나오기 때문에 종이에 끈끈한 물질도 남지 않아. 그래서 여러 번 붙였다가 떼어 낼 수 있는 거야.

실패가 나쁜 것만은 아니야

스카치테이프 같은 사무용품으로 유명한 3M(쓰리엠)이라는 세계적 기업이 있어. 1968년 3M의 한 연구원은 고장 난 물건을 고치기 위해 강력한 접착제를 개발하고 있었어.

하지만 결국 만들어진 접착제는 끈적이긴 하지만 접착력이 너무 약해서 실패하고 말았지.

그런데 몇 년 후, 다른 연구원이 그 실패한 접착제를 떠올리게 돼. 교회에서 찬송가를 부를 때 책에 책갈피를 꽂아 뒀는데

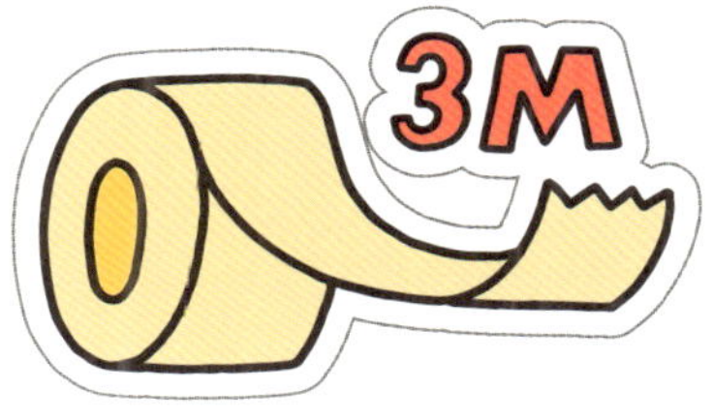

자꾸 떨어졌던 거야. 그래서 아예 풀로 붙여 봤지만 떼어 낼 때 책까지 같이 찢어져 버렸지.

바로 이때 예전에 실패한 약한 접착제를 발라 봤더니 책갈피를 붙였다 뗐다 할 수 있었어. 책도 말짱하고 말이야. 세계적으로 성공한 전설의 문구, 포스트잇이 탄생한 거야!

포스트잇은 종이,
인덱스는 플라스틱

인덱스는 원래 책에서 어떤 부분을 쉽게 찾을 수 있게 해 주는 목록을 뜻해. 지금처럼 붙였다 뗐다 할 수 있는 문구용 인덱스는 1980년대 중반부터 쓰이기 시작했지. 포스트잇에 사용하는 약한 접착제를 인덱스에도 쓴 거야.

둘 다 약한 접착제를 사용했다면 접착력도 똑같을까? 약간 달라. 왜일까? 재료가 다르기 때문이야. 포스트잇의 재료인 종이는 섬유 구조로 미세한 틈이 많아서 접착 물질이 스며들기 쉬워. 반면에 인덱스의 재료인 플라스틱은 매끈해서 접착 물질이 잘 떨어져.

그리고 포스트잇은 얇고 부드러운 종이라서 같은 종이에 잘 달라붙지만, 인덱스는 더 두껍고 단단한 플라스틱이라서 쉽게 들뜰 수 있지.

약한 접착제는 의료용 테이프로도 사용해. 몸에 상처가 났을 때 보호해 주는 밴드나, 근육통이 있을 때 붙이는 파스 같은 거 말이야.

생활 속 과학

자연에서 얻을 수 있는 접착제는?

1. 전분

- **원료** 옥수수, 감자, 밀 등의 곡식
- **원리** 물에 섞어 가열하면 전분이 퍼지며 점성이 커지고, 마르면서 접착력이 생긴다.
- **활용** 벽지 도배

2. 아교

- **원료** 동물의 뼈, 힘줄 등에 들어 있는 콜라겐 단백질
- **원리** 물에 불려 데우면 녹아 점성이 커지고, 식으면서 접착력이 생긴다.
- **활용** 전통 목공, 악기 제작

3. 송진

- **원료** 소나무에서 나오는 끈적한 액체
- **원리** 가열하면 점성이 커지고, 그 상태에서 접착력이 바로 나타난다.
- **활용** 라벨, 신발 제작, 책 제본

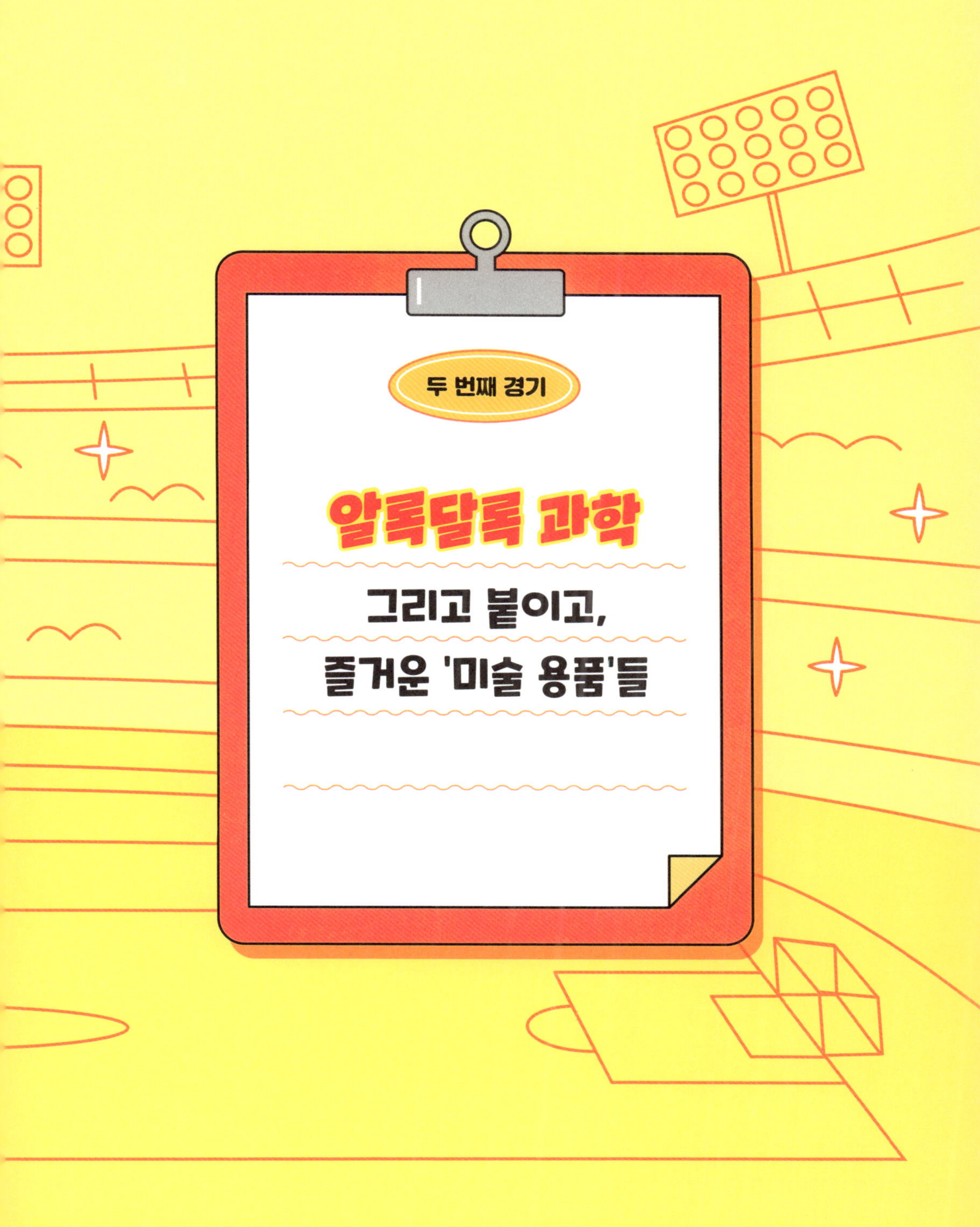

두 번째 경기

알록달록 과학

그리고 붙이고, 즐거운 '미술 용품'들

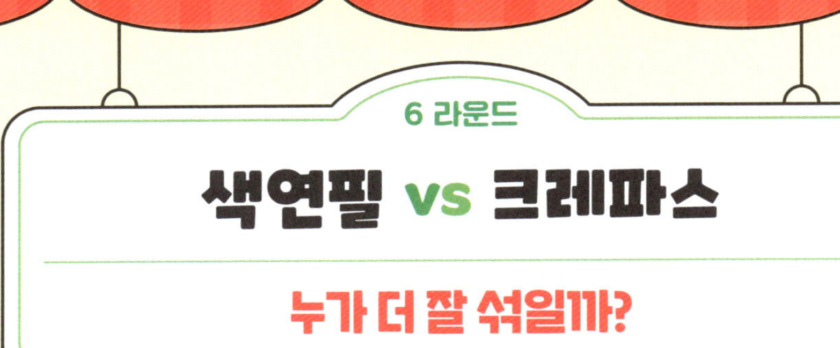
6 라운드
색연필 vs 크레파스
누가 더 잘 섞일까?

어이 친구~
공 좀 차는데?

#색의 혼합

미술 시간 좋아해?

난 어릴 때 동그란 해를 자주 그렸어.

빨간 해, 노란 해…

주황색 해를 그리고 싶다면?

그때는 빨간색과 노란색을 섞으면 돼.

색이 섞이는 원리는 무엇일까?

색의 혼합에 대해 알아보자.

교과 연계

초등 3학년 2학기	물체와 물질
초등 5학년 1학기	빛의 성질
중학 2학년 1학기	빛과 파동

더할수록 밝아지는 가산혼합

색의 혼합에는 크게 두 가지 종류가 있어. 바로 **가산혼합**과 **감산혼합**이야.

먼저 가산혼합부터 볼까? '가산'은 더한다는 뜻이야. 말 그대로 빛을 더해 색을 만드는 방식이지.

빛의 3원색이라고 들어 봤어? 레드(R, 빨강)+그린(G, 초록)+블루(B 파랑), 이렇게 세 가지인데 이것들을 섞어서 여러 가지 빛깔을 만들 수 있어. 예를 들어 빨간빛과 초록빛을 합치면 노란빛이 되거든.

빛을 계속 더하면 빛의 양이 늘어나서 점점 밝아지고, 결국은 흰빛이 돼. 컴퓨터나 휴대폰 화면, 공연장의 조명이 좋은 예지.

더할수록 어두워지는 감산혼합

감산혼합에서 '감산'은 뺀다는 뜻이야. 가산혼합과 반대로 빛을 빼서 색을 만드는 방식이지.

색의 3원색은 시안(C, 청록)+마젠타(M, 자홍)+옐로(Y, 노랑), 이렇게 세 가지인데 이것들을 섞으면 빛의 양이 줄어들고 어두워져.

청록과 자홍을 섞으면 파랑, 청록과 노랑을 섞으면 초록, 자홍과 노랑을 섞으면 빨강이 돼. 그리고 청록, 자홍, 노랑의 세 가지 색을 모두 섞으면 모든 빛이 사라지면서 결국 검정색이 되는 거야.

우리가 물감을 섞을 때, 프린터로 인쇄를 할 때 감산혼합이 나타나.

색을 섞고 싶을 땐 크레파스

크레파스는 무엇으로 만들까? 먼저 색을 내는 가루인 안료가 필요하겠지? 이걸 뭉쳐 막대 모양으로 만들어야 하는데 이때 왁스나 오일을 사용해. 그리고 쉽게 부러지지 않도록 탄산칼슘, 탈크(고운 돌가루) 등을 넣어.

색연필은 크레파스와 비슷한 재료를 사용해서 연필처럼 만든 거야. 크레파스보다 가느다란 선을 표현할 수 있고, 단단하고 깔끔한 질감이 특징이지.

하지만 여러 색을 덧칠하기에 좋은 건 크레파스야. 심이 더 부드럽고 종이에 두껍게 발리기 때문이지.

더 있소!

크레파스는 크레용과 파스텔을 합친 도구야. 크레용은 왁스가 많이 섞여 있어서 단단하고 매끈하게 발려. 잘 부러지지 않고 손에 묻지도 않지. 파스텔은 분필 가루가 많이 섞여 있어서 부드럽게 발려. 밝고 어두움을 나타내는 명암 표현을 하기에 좋지. 두 도구의 장점을 모두 살린 게 바로 크레파스!

생활 속 과학

감산혼합 다 모여라

1. 그림

크레파스, 물감 등은 여러 색을 섞을수록 점점 검은색에 가까워진다.

2. 인쇄

청록(C), 자홍(M), 노랑(Y)을 섞어 색을 표현하고, 여기에 검정(K)을 추가해 더 또렷이 보이게 한다.

3. 패션

옷감 염색이나 네일아트를 할 때 여러 색을 섞어 새로운 색을 만들어 낸다. 이때 색을 너무 많이 섞으면 어두운 색이 된다.

4. 자연

흙에는 철, 점토, 유기물 등 여러 색소 성분이 섞여 있어서 전체적으로 빛깔이 어두워 보인다.

7 라운드

수채화 물감 vs 유화 물감

누가 물에 더 잘 녹을까?

물감에는 크게 두 종류가 있는데,

수채화 물감과 유화 물감이야.

초등학교 미술 시간에는 수채화 물감을 더 많이 쓰지.

수채화를 그릴 때 물감이랑 붓이랑,

또 뭐가 필요하지? 바로 물통이야.

근데 유화를 그릴 땐 물통이 필요 없어.

이유가 뭘까?

교과 연계

초등 5학년 1학기	용해와 용액
중학 1학년 2학기	물질의 상태 변화

물에 녹는 물감, 기름에 녹는 물감

수채화 물감과 유화 물감을 비교하려면 물과 기름의 특성을 알아야 해. 수채화에서 '수'는 물을 뜻하고, 유화에서 '유'는 기름을 뜻하거든.

한마디로 말하면 수채화 물감은 물에 녹는 물감이고, 유화 물감은 기름에 녹는 물감이야. 이때 물감이 물 또는 기름 같은 액체에 녹는 일을 **용해**라고 해.

수채화 물감과 유화 물감은 안료 자체에는 큰 차이가 없어. 하지만 안료를 붙잡아 주는 재료가 다르지.

수채화 물감은 아라비아고무를 섞어 만들어. 아라비아고무나무의 가지에서 뽑은 끈적한 진액인데 물에 잘 녹는 게 특징이야. 유화 물감은 아마의 씨에서 짜낸 기름인 아마인유를 이용해. 안료에 아마인유를 개어서 만든 물감인 거지.

이것만 봐도 수채화 물감은 왜 물에 잘 녹고, 유화 물감은 왜 기름에 잘 녹는지 알 수 있지?

끼리끼리 섞이는 극성과 비극성

흔히 물과 기름은 서로 섞이지 않는다고 하지? 고깃국을 먹다 보면 기름이 섞이지 않고 국물 위에 동동 떠 있는 모습을 봤을 거야. 왜 둘은 섞이지 않는 걸까?

바로 물은 **극성 분자**이고, 기름은 **무극성 분자**이기 때문이야. 극성 분자는 전기를 띠는 분자, 무극성 분자는 전기를 띠지 않는 분자이지. 극성 분자는 극성 분자끼리, 무극성 분자는 무극성 분자끼리 섞이는 특징이 있어.

더 있소!

목재 가구에 물이 스며들지 않도록 왁스를 바르는 것도 극성과 무극성이 서로 섞이지 않는 특성을 이용한 거야. 화장품을 지울 때 쓰는 클렌징 오일 역시 기름을 녹이려면 같은 기름 성분이 필요하다는 걸 보여 주지.

가볍고 은은한 그림, 진하고 입체적인 그림

수채화 물감과 유화 물감 중에 뭐가 더 좋다고는 말할 수 없어. 각각 장단점이 있거든.

수채화 물감은 안료가 얇게 퍼져서 투명해 보이는 그림을 그릴 수 있어. 여러 번 겹쳐 칠하면 은은하게 색이 번지는 효과를 얻을 수 있지. 그림이 마르는 것도 금방이야.

그리고 물통에 붓을 넣고 휘휘 저으면 색이 금세 씻기기 때문에, 아무래도 초보자가 사용하기에 편해. 그래서 초등학교 미술 시간에 주로 수채화 물감을 쓰는 거야.

유화 물감은 색이 진하고 깊은 그림을 그릴 수 있어. 두껍게 덧칠해서 입체감 있는 표현을 할 수도 있고. 반 고흐의 작품처럼 유명한 서양 명화는 주로 유화 물감으로 그렸어.

극성이냐, 무극성이냐

1. 극성 물질

- **설탕·소금** 설탕과 소금은 물에 잘 녹아서 쉽게 음식의 맛을 조절할 수 있다.
- **식초** 식초 원액은 아세트산이라 그대로 먹으면 위험하다. 물을 섞어 농도를 낮추면 새콤한 맛을 낸다.
- **알코올** 알코올에 물을 섞어서 술을 만든다. 알코올이 많이 들어가면 독한 술이 된다.

2. 무극성 물질

- **엔진 오일** 차의 엔진에 엔진 오일을 바르면 마찰을 줄여 줄 뿐 아니라 물이 스며들지 않아 덜 녹슬게 해 준다.
- **립밤** 왁스 성분이 들어 있어서 입술이 메마르는 것을 막아 준다.
- **플라스틱 통** 플라스틱이 물에 젖지 않기 때문에 통 안에 담긴 것들을 보호할 수 있다.

8 라운드
물풀 vs 딱풀
누가 더 잘 붙일까?

얼마나 센지
어디 보자!
손만 떼면
바로 공격이다!

#결합력

미술 시간에 색종이를 오려 붙일 때
물풀과 딱풀 중에 뭘 쓰면 좋을까?
둘 다 종이를 딱 결합해 주는데 말이야.
엇! 그러고 보니 풀이 없을 땐
종이를 물에 적셔도 유리나 피부에 착 붙잖아.
이렇게 '붙이는' 힘들은
어떻게 만들어지는 걸까?

교과 연계

초등 3학년 1학기	힘과 우리 생활
초등 6학년 1학기	물체의 운동
중학 1학년 2학기	물질의 상태 변화

둘 다 '풀'이지만 성분이 달라

밥풀을 손으로 주워 봤지? 밥풀이 뭉개지면서 끈적끈적 달라붙잖아. 쌀에 든 전분 때문이야. 전분을 물과 함께 끓이면 풀처럼 끈적해지거든. 예전에는 벽에 벽지를 바를 때 전분 풀을 많이 사용했어.

물풀도 전분으로 만든 거야. 물풀이 마르면 물이 증발하면서 전분이 서로 얽히고 종이 표면에 달라붙어 단단해져.

딱풀은 전분이 아니라 인공적인 **고분자**로 만든 거야. 고분자를 물에 섞은 뒤 젤처럼 굳힌 거지. 딱풀이 마르면서 고분자끼리 엉켜 투명한 막이 만들어지는데, 이 막이 종이 표면의 아주 작은 틈새를 채우고 굳으면서 서로 꼭 붙어 있으려는 힘인 **결합력**이 생겨.

더 있소!

분자는 물질을 이루는 아주 작은 알갱이라고 했잖아. '고분자'는 긴 분자라는 뜻이야. 구슬 한 알이 작은 분자라면, 그 구슬을 길게 꿰어 만든 목걸이가 고분자인 셈이지.

분자들아, 여기 붙어라

그런데 풀 없이도 종이를 붙일 수 있는 마술 같은 물질이 있어. 바로 물! 유리에 시트지를 붙일 때 그냥 물만 뿌리라고 되어 있는 이유지. 이 힘의 비밀은 바로 **수소 결합**에 있어.

물은 산소(O) 하나와 수소(H) 두 개로 이루어진 분자야. 이때 산소는 (-)극, 수소는 (+)극을 띠어. 그래서 물 분자의 수소가 다른 물 분자의 산소에 가서 약하게 붙는데, 이게 수소 결합이야.

결합을 도와주는 또 다른 힘으로는 **반데르발스 힘**도 있어. 겉보기에는 물질이 가만히 있는 것 같아도, 그 속의 분자와 전자는 늘 움직이고 있어. 전자가 한쪽으로 몰리면 그 순간 아주 약한 (+), (-) 전기가 생겨. 그러면 옆에 있던 분자도 따라 움직이면서 서로 끌어당기게 되지. 이렇게 분자들 사이에 잠깐 생겼다가 없어지는 약한 끌어당김을 반데르발스 힘이라고 해.

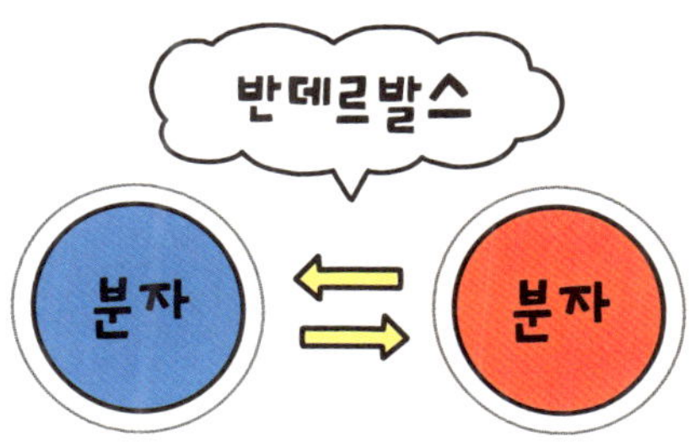

다 붙여 버리겠다!
더 강력한 접착제들

물풀과 딱풀의 결합력을 비교해 보면 어떨까? 대체로 물풀이 더 강하다고 볼 수 있어. 고체보다는 액체인 풀이 종이 섬유 사이로 더 깊이 스며들어서 굳어지기 때문이지. 하지만 종이가 쭈글쭈글해지는 게 싫으면 물기가 적은 딱풀이 더 나을 수도 있으니 잘 골라 쓰도록 해.

물풀과 딱풀 말고도 다양한 접착제가 있어. 가벼운 종이를 붙일 때는 풀로도 충분하지만, 무겁거나 매끄럽거나 딱딱한 것을 붙일 때는 더 강력한 본드나 순간접착제를 쓰지.

본드는 가죽, 고무, 나무 등을 붙일 때 써. 본드를 바르면 용매가 빠르게 증발하고 고분자 물질만 남아서 표면을 강하게 붙잡지.

순간접착제는 작은 부품이나 공예품을 붙일 때 써. 원래 액체 상태인데 공기 중 수분과 만나면 약 5초 만에 굳어서 딱 붙어 버리지.

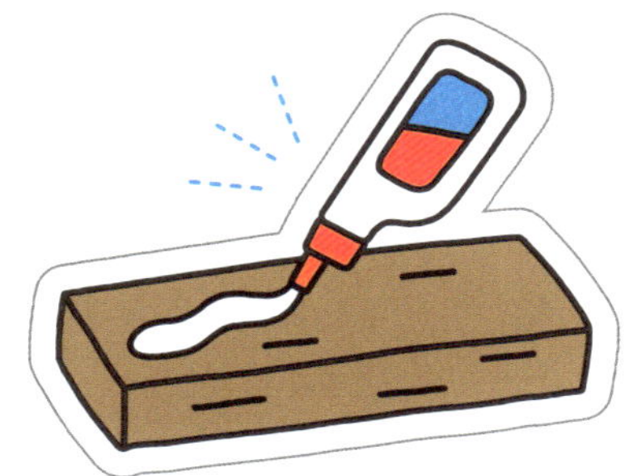

생활 속 과학

가벼운 결합은 내게 맡겨

1. 수소 결합

- **빙판** 겨울에 호수를 보면 표면만 얼어 있고 그 밑은 물이다. 얼음이 물에 뜨는 건 수소 결합 때문이다. 얼음이 추위를 막아 주는 덕분에 물속 생물이 살 수 있다.
- **헤어 펌** 머리카락은 단백질로 되어 있다. 펌은 열이나 화학 약품으로 단백질의 수소 결합을 끊고 다시 만들면서 모양을 바꾸는 과정이다.

2. 반데르발스 힘

- **비닐 랩** 음식이 남으면 그릇에 담아 비닐 랩으로 감싼다. 이때 랩이 그릇에 저절로 달라붙는 것은 반데르발스 힘 때문이다.
- **포스트잇** 포스트잇 뒷면의 약한 접착제와 종이 사이에 반데르발스 힘이 작용하는 덕분에 붙였다 떼었다 할 수 있다.
- **도마뱀의 벽 타기** 어떤 도마뱀은 벽에 붙어서 이동할 수 있다. 발바닥의 미세한 털과 벽 사이에 반데르발스 힘이 작용하기 때문이다.

9 라운드

도화지 vs 캔버스

누가 더 빨리 마를까?

#증발

오늘 미술 시간에는 유화를 그린대.

유화 물감에 대해선 이미 배웠으니 문제없지.

그런데 스케치북을 가져간 게 실수였어!

유화는 도화지가 아니라 캔버스에 그려야 한다잖아.

둘 다 하얀 바탕인 건 마찬가지인데

뭐가 달라서 그런 걸까?

이걸 알려면 '증발'을 이해해야 해.

교과 연계

초등 3학년 2학기	물체와 물질
초등 4학년 1학기	물의 상태 변화
중학 1학년 2학기	물질의 상태 변화

'증발'과 '끓음'은 어떻게 다를까?

젖은 빨래를 햇빛 아래 널면 어느새 말라 있어. 옷감에 배어 있던 물이 수증기가 되어서 공기 중으로 날아가거든. 이러한 현상을 **증발**이라고 해.

앞서 30쪽에서, 물이 끓으면 기체인 수증기가 된다고 했잖아. 근데 빨랫감에 있던 물은 끓인 것도 아닌데 어떻게 수증기가 된 걸까?

물이 끓으려면 아주 높은 온도가 필요해. 라면을 끓일 때 잔잔하던 물이 보글보글 끓기 시작하는 온도가 무려 100도씨거든. 이때 100도씨를 물의 **끓는점**이라고 해.

하지만 증발은 굳이 높은 온도가 필요 없어. 빛만 있으면 돼. 물 표면에 **빛 에너지**가 닿으면 물 분자의 **운동 에너지**가 높아지거든. 그러면 물 분자들이 서로 부딪히다가 공기 중으로 튕겨 나가게 돼. 빨래가 찬찬히 마르는 것은 이렇듯 표면의 물이 조용하고 느리게 증발하기 때문이야.

증발의 절대 조건!
온도, 바람, 습도

증발은 언제 잘 일어날까? 분자가 서로 부딪히려면 운동 에너지가 커져야 하니까 온도가 높은 편이 좋아. 그래서 겨울보다 여름에 빨래가 잘 마르는 거지. 그리고 빛을 받는 넓이가 넓을수록 에너지를 많이 받을 수 있어.

바람도 중요해. 증발한 물 분자들, 즉 수증기가 계속 주변에 머물러 있을 때 바람이 훅 불어 준다면? 수증기들을 멀리 날려 버릴 수 있겠지.

마지막으로 하나 더. 습도가 낮을수록 증발이 잘돼. 비 오는 날 빨래를 잘 널지 않는 이유지.

더 있소!

우리가 부채나 선풍기를 사용하는 것도 바람에 땀을 빨리 증발시키기 위해서야. 땀이 증발하면서 우리 피부의 열 에너지를 빼앗아 가져가기 때문에 시원해지지.

어느 쪽이 더 빨리 증발할까?

자, 그럼 유화를 그릴 때 도화지가 아닌 캔버스에 그려야 하는 이유가 뭘까? 도화지는 종이로 만들고, 캔버스는 천으로 만들거든. 50쪽에서 보았듯이, 유화 물감에는 기름이 들어 있는데 그게 종이에 스며들면 종이 색이 변하거나 심하면 썩기 때문이야.

캔버스는 천을 나무틀에 팽팽하게 씌워서 만들어. 이 천 위에 풀을 바르고, 그 위에 또 기름을 발라. 그럼 물은 물론이고 기름이 스미는 것도 막을 수 있어. 기름이 잔뜩 든 유화 물감을 칠해도 끄떡없다는 거지!

또 도화지와 캔버스 중에 물감이 더 빨리 마르는 건 도화지야. 종이가 물감을 더 잘 흡수하니까 겉이 금방 마르는 거지. 반면에 캔버스는 풀과 기름을 발라 놔서 물감이 잘 스며들지 않고 말이야.

실제로 실험해 보면 도화지는 물감이 1~3분 안에 거의 마르지만, 캔버스는 5~10분 이상 걸릴 수 있어.

생활 속 과학

증발을 꼭 해야 해?

1. 땀

우리 몸의 체온은 언제나 거의 36.5도씨인데 만약 39도씨를 넘어 버리면 위험해진다. 그래서 열이 오르면 자동으로 땀이 나게 되어 있다. 땀이 증발하면서 열을 빼앗기 때문이다.

2. 비

바닷물은 햇빛에 증발해 수증기가 되어 하늘로 올라간다. 이 수증기는 식어서 작은 물방울이 되고 모여서 구름이 된다. 구름은 무거워지면 비가 되어 다시 땅으로 떨어진다.

3. 향수

향수 안의 휘발성 물질이 증발해 퍼지면서 우리가 향긋한 냄새를 맡을 수 있다.

4. 페인트·매니큐어

페인트나 매니큐어를 바르면 용매는 증발하고 안료와 이를 붙잡아 주는 물질만 남아서 색이 나타난다.

10 라운드

고무 판화 vs 금속 판화

누가 더 선명하게 찍힐까?

#화학 변화

미술 시간에 판화 해 봤어?

판화는 말 그대로 판에다 무늬를 새기고

그 위에 색을 칠한 뒤에

종이나 천에 찍어 낸 그림을 말해.

판화의 재료인 '판'을 무엇으로 하느냐에 따라

분위기와 정교함이 달라지는 게 특징이야.

어떻게 달라지는지 한번 살펴보자.

교과 연계

초등 3학년 2학기	물체와 물질
중학 1학년 2학기	물질의 상태 변화

종이에서 금속까지 판의 대변신

판화는 여러 종류가 있어. 먼저 종이 판화 해 봤어? 종이 판화는 판을 깎아내는 게 아니라, 두꺼운 종이를 오리고 붙여서 높낮이로 무늬를 만드는 거야. 칼이나 가위, 풀만 쓰면 되니까 간단하지.

고무 판화는 조금 더 어려워. 말랑말랑한 고무판을 조각칼로 요리조리 깎아서 판의 무늬를 만들어야 하거든.

금속 판화는 고무 판화보다 더 어렵고 위험할 수도 있어. 왜냐면 **화학 변화**를 이용하거든! 물리 변화는 고무판을 깎는 것처럼 단순히 물질의 크기가 변하는 것인데, 화학 변화는 물질 속 분자까지 변해.

이처럼 화학 변화가 일어나면, 겉모습만 바뀌는 게 아니라 물질의 고유한 성질까지 달라져서 아예 다른 물질이 되어 버려. 그래서 원래 물질로 돌아가기가 불가능하지.

금속 판화의 대표 선수 에칭

금속에 어떻게 무늬를 새기느냐에 따라 금속 판화도 여러 종류로 나뉘어. 대표적으로 금속판에 화학 변화를 일으켜 무늬를 만드는 기법을 '에칭'이라고 해. 우리말로는 **'부식'**을 뜻하지. 마치 오래된 못이 녹스는 것과 같아.

'녹이 슨다'는 건 다시 말해 철이 공기 중의 산소와 물을 만나 결합하면서, 철 표면에 진한 붉은빛 가루가 생기는 거야. 이처럼 물질이 산소와 만나서 새로운 물질로 바뀌는 것을 **산화**라고 해.

더 있소!

에칭 기법은 미술에서만 쓰이는 게 아니야. 19세기 산업혁명 시기에는 금속을 가공하거나 책을 인쇄하는 일 등에 널리 쓰였고, 20세기 이후에는 전자공학 분야에도 필수가 되었지.

볼록하게 찍을래, 오목하게 찍을래?

고무 판화와 금속 판화의 차이점을 한번 살펴볼까?

고무 판화는 조각칼로 고무판을 깎아서 무늬를 만들어. 깎이지 않고 볼록하게 남아 있는 부분에 잉크가 묻어서 그 모양이 찍히지. 그렇다 보니 선이 굵고 단순한 편이야. 대신 흑백을 확실히 표현하기에는 좋지. 볼록하게 나온 부분에 잉크가 묻으니까 '볼록 판화'에 속해.

금속 판화는 아연이나 구리 같은 금속판을 사용해. 먼저 금속판에 왁스를 얇게 발라 막을 만들고, 바늘로 긁으면서 선을 그려. 여기에 산성 용액을 조심스레 부으면 선 부분만 산화가 일어나면서 형태가 명확해져. 섬세하고 선명한 선 표현이 가능하지. 오목하게 파인 부분에 잉크가 스며들어 찍히니까 '오목 판화'에 속해.

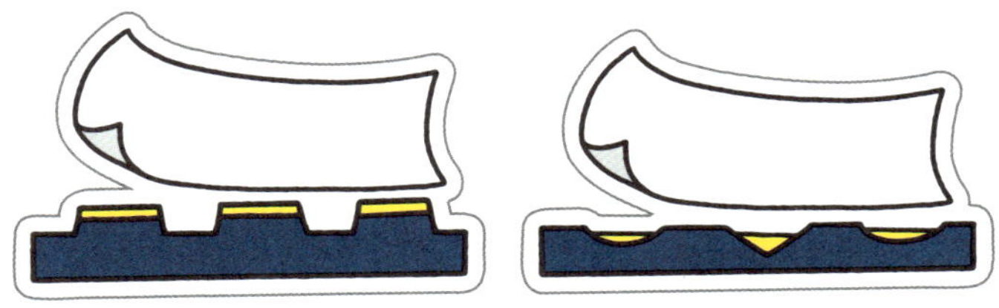

생활 속 과학

산소는 나를 변하게 해

1. 갈색으로 변한 사과

껍질을 깎은 사과를 그냥 두면 점점 갈색으로 변한다. 사과 속 성분이 공기 중 산소와 만나 갈색의 물질로 바뀌는 산화다.

2. 타는 종이

종이에 불을 붙이면 밝게 타면서 재와 연기가 생긴다. 종이가 산소와 빠르게 만나 다른 물질로 바뀌는 산화다.

3. 자동차 배기가스

자동차에 넣은 휘발유는 공기 속 산소와 만나 타면서 힘을 만든다. 이때 연료가 산화되며 생긴 연기가 밖으로 나온다.

4. 색이 변한 동전

오래된 구리 동전은 시간이 지나면 초록빛이 돈다. 구리가 공기와 물을 만나 다른 물질로 바뀌는 산화다.

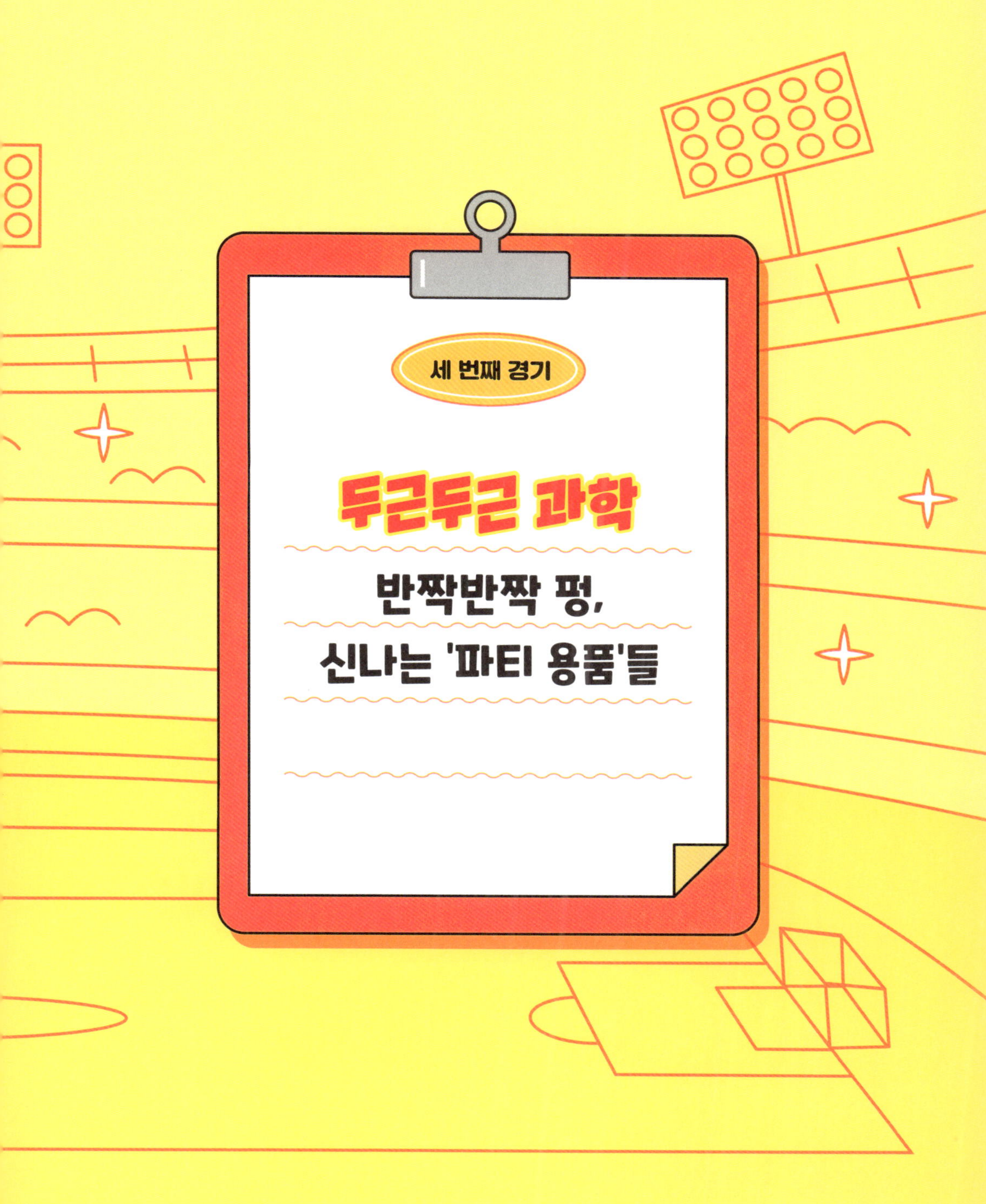
세 번째 경기
두근두근 과학
반짝반짝 펑,
신나는 '파티 용품'들

11 라운드
고무줄 vs 포장끈
누가 더 많이 늘어날까?
높이! 높이!
날아올라!!
#탄성력

퀴즈! 머리가 긴 사람들은 음식을 먹을 때
뭐가 필요하지? 맞아. 고무줄이야.
고무줄로 쉽게 머리를 묶을 수 있는 건
고무가 가진 탄성력 덕분이야.
하지만 고무줄 말고 다른 끈이 필요할 때도 많아.
예를 들면 선물 포장을 할 때는 포장끈을 쓰는 게 좋지.
고무줄과 포장끈의 가장 큰 차이인
탄성력이란 어떤 힘일까?

교과 연계

초등 3학년 1학기	힘과 우리 생활
초등 6학년 1학기	물체의 운동
중학 1학년 2학기	힘의 작용

나 원래대로 돌아갈래!

푹신한 침대 매트리스 위에서 뛰어 봤어? 통통 계속 튀어 올라서 재미있잖아? 그건 바로 스프링 덕분이야. 스프링은 누르면 다시 튀어 오르는 성질이 있거든.

마찬가지로 고무줄도 힘을 주어 늘렸다가 놓으면 다시 휘리릭 원래의 길이로 줄어들지? 이렇게 모양이 바뀌었을 때 원래대로 돌아가려는 힘을 **탄성력**이라고 해.

이를테면 고무줄이나 풍선, 말랑말랑한 젤리 같은 것들을 떠올려 봐. 각각 조금씩 다른 방식이긴 하지만 탄성력을 갖고 있다는 점은 똑같아.

더 있소!

고무줄을 쭉 당겨서 늘어난 길이가 길수록 탄성력은 그만큼 세져. 영국의 물리학자 로버트 훅이 이 원리를 발견하고 탄성력을 계산하는 법을 만들었어. 그 이름은 '훅의 법칙'!

내 탄성엔 사연이 있어

고무와 스프링의 탄성력은 각각 어떻게 생겨나는 걸까?

고무는 이름 그대로 고무나무에서 나오는 하얀 수액(라텍스)을 굳히고 말려서 얻은 물질이야. 고무 속에는 이소프렌이라는 분자가 사슬처럼 이어져서 꼬불꼬불 엉켜 있지. 고무를 잡아당기면 이 엉킨 사슬이 쭉 펴졌다가, 손을 놓으면 다시 말려들어가.

스프링은 고무랑은 원리가 달라. 스프링은 강철 같은 금속으로 만드는데 금속 안에 원자들이 줄줄이 배열되어 있어. 금속에 힘을 주면 이 원자들 사이 간격이 조금씩 움직이지. 그러니까 원자 사이가 멀어졌다가 가까워졌다가 하면서 스프링이 늘어나고 줄어들고 하는 거야.

고무나 스프링 같은 고체 말고 기체도 탄성력을 가질 수 있는 것 알아? 부푼 풍선을 손가락으로 꾹 눌렀다가 떼면, 안쪽 공기가 눌려 있다가 다시 펴지려 하면서 원래 모양으로 돌아오잖아. 이런 기체의 성질에 대해서는 다음 라운드에서 더 자세히 알려 줄게!

나랑 맞는 끈을 찾아요

상점에 가면 끈 종류가 엄청 많아서 뭘 사야 할지 고민이 될 거야. 끈마다 특성을 알고 있으면 도움이 되겠지?

먼저 고무줄은 탄성이 있어서 쉽게 여러 가지를 묶어 고정할 수 있어. 단점은 너무 당기면 끊어질 수 있다는 거야.

포장끈은 종이(펄프)로 만든 인공 섬유 재질이라 탄성은 없어. 대신 가볍고 부드러워. 염색이 쉬워서 색상도 다양하지. 마찰이 있어서 매듭이 잘 풀리지 않는 것도 장점이야.

큰 짐을 쌀 때 쓰는 플라스틱 끈도 있어. 책이나 상자가 납작한 노랑 끈으로 포장되어 있는 것을 본 적 있지? 폴리프로필렌(PP) 밴딩끈이야. 가벼우면서도 강도가 높아서 이삿짐 같은 무거운 짐도 잘 묶을 수 있어. 습기에도 거뜬하지.

생활 속 과학

고무나무에서 고무줄까지

1. 천연 고무 발견

남아메리카 원주민들이 고무나무에서 나오는 수액을 이용해 공, 신발 등을 만들기 시작했다.

2. 가공 기술 개발

1820년 영국의 토머스 행콕이 고무를 잘게 부수는 기계를 발명했고, 1839년 찰스 굿이어는 황을 섞는 방식으로 고무의 내구성(원래의 상태를 유지하는 성질)과 탄성을 높였다.

3. 고무줄 발명

1845년 영국의 스티븐 페리가 최초로 고무줄 특허를 냈다. 이 시기에는 고무줄을 주로 문서, 종이 등을 묶는 데 사용했다.

4. 합성 고무 등장

20세기 중반, 2차 세계대전 때 천연 고무가 부족해지자 석유 화학으로 합성 고무를 만들기 시작했다. 이후 현대에는 색깔과 굵기가 다양하고 열을 잘 견디는 고무줄이 만들어졌다.

눈 스프레이 vs 풍선

누가 더 빨리 부풀까?

파티를 하려면 여러 가지 준비물이 필요해.

반짝반짝하고 신나는 물건들, 알지?

대표적으로 겨울 분위기를 내는 눈 스프레이가 있어.

버튼을 누르면 하얀 거품이 부풀며 뿜어져 나오지.

근데 부풀기 선수로 치면

알록달록 풍선도 빼놓을 수 없잖아.

그럼 둘 중 더 잘 부푸는 건 어느 쪽일까?

교과 연계

초등 3학년 2학기	물체와 물질
초등 4학년 2학기	여러 가지 기체
중학 1학년 2학기	기체의 성질

막 안에 기체 있다

풍선은 고무막 안에 공기를 가둔 거잖아. 근데 알고 보면 눈 스프레이에서 나오는 거품도 마찬가지야. 거품을 내는 성분과 물이 만나 얇은 막을 만들어 공기를 감싼 거야. 작은 거품 알갱이가 매우 많아서 눈처럼 하얗게 보이지.

풍선과 눈 스프레이를 부풀게 하는 원리, 대체 뭘까? 바로 **기체**와 **압력**의 관계를 밝힌 **보일의 법칙**이야. 영국의 과학자인 로버트 보일이 발견했기 때문에 그의 이름을 땄지.

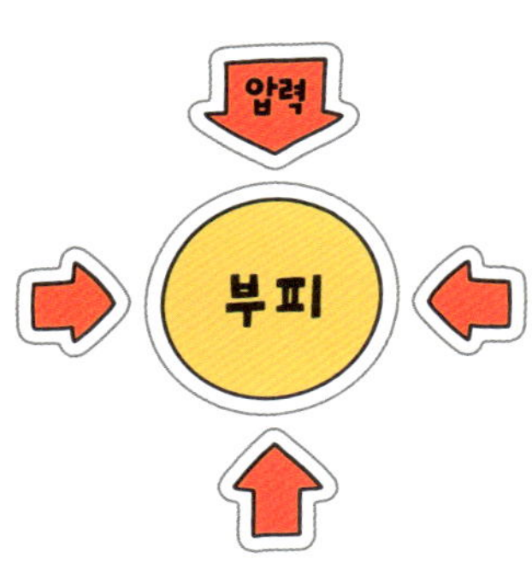

기체가 차지하는 부피(공간)는 압력이 커질수록 작아지고, 압력이 줄어들수록 커진다는 법칙이야.

더 있소!

기체의 부피에 관한 공식 중에 '샤를의 법칙'도 있어. 기체의 부피는 온도가 높아질수록 커진다는 거야. 압력이랑은 반대지?

위험하면 부풀게!

기체 속에는 아주 작은 분자들이 사방으로 빠르게 날아다니고 있어. 그것들이 벽이나 주변 물체에 부딪힐 때 받는 힘이 바로 압력이지.

풍선과 스프레이처럼 우리 주변의 많은 물건 속에서 기체는 압력에 따라 움직이고 있어.

이를테면 자동차 사고가 났을 때 우리의 생명을 보호해 주는 에어백을 떠올려 보자. 자동차가 무언가와 세게 부딪히면 에어백 안의 화학 물질이 아주 빠르게 반응해서 매우 많은 기체를 만들어 내. 그렇게 한순간에 늘어난 기체로 압력이 높아지면서 결국 공기 주머니가 '팡!' 하고 부풀어 올라. 빵빵해진 에어백은 안전하게 우리 몸을 감싸 주지.

천천히 부풀거나 순식간에 부풀거나

눈 스프레이 안에는 기체인 가스와 액체인 스노우액이 함께 들어 있어. 스노우액이 든 통 속에 가스가 꽉꽉 담겨 있다고 보면 돼. 앞에서 배운 것처럼 압력은 크고 기체의 부피는 작은 상태지.

만약 누가 발사 버튼을 누르면 어떻게 되겠어? 안쪽의 밸브가 열리면서 꽉꽉 담겨 있던 가스가 밖으로 확 터져 나오지. 이때의 압력 덕분에 스노우액이 눈 같은 거품을 만들 수 있는 거야.

순식간에 부푸는 눈 스프레이와 달리 풍선은 천천히 부풀어. 입김으로 공기를 넣기 때문에 압력이 서서히 커지는 거지. 사람보다 힘센 공기 주입기를 쓰면 어떠냐고? 그렇다고 해도 스프레이처럼 폭발적인 속도로 커지긴 어려워. 게다가 고무의 탄성 때문에 어느 정도 부풀면 더 이상 커지지 못하고 팡 터져 버리지.

생활 속 과학

기체-압력 콤비

1. 타이어

자동차 타이어 속 공기의 압력이 너무 높으면 타이어가 터지고, 너무 낮으면 타이어가 물렁해진다. 기체의 압력이 적당해야 안전하게 달릴 수 있다.

2. 소화기

소화기 안에는 가스가 잔뜩 들어 있다. 손잡이를 누르면 출구가 열리면서 안에 있던 높은 압력의 가스가 불 끄는 가루를 밖으로 밀어낸다.

3. 분무기

손잡이를 눌러 공기를 압축하면, 그 압력이 물을 밀어내어 안개처럼 뿌려 준다.

4. 에어매트

에어매트에 공기를 불어 넣으면 부풀어 오른다. 공기가 안쪽에서 바깥쪽으로 막을 밀어내며 매트 모양이 만들어진다. 이때 압력 때문에 매트가 단단하게 유지된다.

13 라운드
파티 포퍼 vs 스파클라
누가 더 뜨거울까?

으허어어~ 시원(?)하다

#연소

파티에 활기와 즐거움을 더하는 폭죽!

생일 축하 때 터뜨리는 폭죽을 파티 포퍼라고 불러.

뒤집어진 고깔 아래 달린 실을 힘껏 당기면

'팡!' 소리와 함께 종이 장식이 날리지.

폭죽에는 여러 종류가 있는데, 요즘은 스파클라도 인기야.

금속 가루가 타면서 눈부신 불꽃을 만들어 내.

둘 다 폭죽인데 특성은 많이 달라.

폭죽에 숨겨진 과학 원리를 살펴보자!

교과 연계

초등 4학년 2학기	여러 가지 기체
중학 1학년 1학기	열
중학 2학년 1학기	물질의 구성

여기 금속이 타고 있어요

스파클라는 손에 들고 즐기는 작은 폭죽이야. 겉보기에는 얇은 철사 막대처럼 생겼지만, 끝부분에 금속 가루가 묻어 있어. 불을 붙이면 이 금속이 산소와 빠르게 결합하면서 **연소**, 즉 타는 반응이 일어나지. 이때 생기는 열 에너지와 빛 에너지가 반짝이는 불꽃으로 보이는 거야.

금속이 탈 때의 온도는 무려 1,000도씨에서 1,500도씨까지 올라가. 너무 뜨거워서 종이나 나무를 태울 수 있는 건 물론이고, 피부에 닿으면 바로 화상을 입을 수 있어. 그래서 스파클라를 들 땐 반드시 손잡이 끝을 잡고, 다른 물건에 가까이 대지 않아야 해. 불꽃 하나하나가 사실은 작은 금속 알갱이들이 타면서 흩어지는 불덩이이기 때문이지.

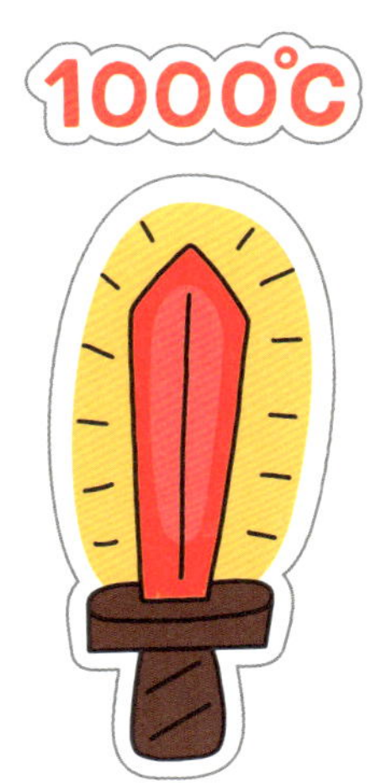

불꽃 색깔을 내 맘대로?

밤하늘에 다양한 빛을 수놓는 불꽃놀이 본 적 있어? 신기하게도 불꽃의 색이 다 다르잖아. 어떤 건 빨갛고, 어떤 건 초록색이나 파란색이야. 그 이유는 불꽃을 만드는 금속 원소가 다르기 때문이야.

금속마다 다른 색의 빛을 내는 이 현상을 **불꽃 반응**이라고 해.

더 있소!

여러 원소가 내는 다양한 불꽃 색깔을 알아보자.

- ★ **빨강**: 스트론튬(Sr), 리튬(Li)
- ★ **초록**: 바륨(Ba), 붕소(B)
- ★ **주황**: 칼슘(Ca)
- ★ **파랑**: 구리(Cu) 화합물
- ★ **노랑**: 나트륨(Na)
- ★ **보라**: 칼륨(K)
- ★ **흰색**: 알루미늄(Al), 마그네슘(Mg)

뜨겁고 조용할래?
시끄럽고 차가울래?

이제 두 주인공을 비교해 보자. 스파클라와 파티 포퍼 중에서 어느 쪽이 더 뜨거울까?

스파클라는 불꽃 반응을 하는 과정에서 엄청난 열을 내. 반면에 파티 포퍼는 열 대신 압력을 이용해. 실을 잡아당기면 안쪽의 작은 폭약이 '팡!' 터지면서 압력이 종이 장식을 밖으로 밀어내는 거야. 소리는 크지만 불꽃은 전혀 없고, 열도 거의 나지 않아.

즉 스파클라는 뜨겁지만 조용한 폭죽, 파티 포퍼는 시끄럽지만 차가운 폭죽이라고 할 수 있어. 스파클라는 금속이 타는 화학 반응이고, 파티 포퍼는 공기의 압력이 순간적으로 폭발하는 물리 반응이야. 그러니 '누가 더 뜨거울까?'의 답은 명확하지. 바로 스파클라!

아름다운 불꽃을 내는 스파클라지만 다치거나 불이 날 수 있으니, 꼭 안전하게 사용하도록 하자고.

생활 속 과학

예쁜데 고맙기까지 한 불꽃 반응

1. 가로등

밤길을 비추는 주황빛 가로등 속에도 금속 원소의 빛이 숨어 있다. 나트륨이 전기를 받아 빛을 내는데, 그 불꽃색이 바로 따뜻한 주황이다.

2. 네온사인 간판

네온, 아르곤, 헬륨 같은 기체에 전기를 흘리면 색깔 있는 빛을 낸다. 금속 대신 기체를 쓰지만, 빛이 나는 원리는 불꽃 반응과 비슷하다.

3. 가스레인지 불꽃

불꽃이 파랗다면 산소가 충분해서 깨끗하게 타는 상태다. 불꽃이 주황색이거나 노랗다면 산소가 부족하다는 신호다. 이때는 불을 끄고 창문을 열어야 한다.

4. 별 성분 분석

과학자들은 불꽃 반응 원리를 이용해 별빛의 색깔 신호(스펙트럼)를 분석하고, 머나먼 별 속에 어떤 금속이 있는지 알아낸다.

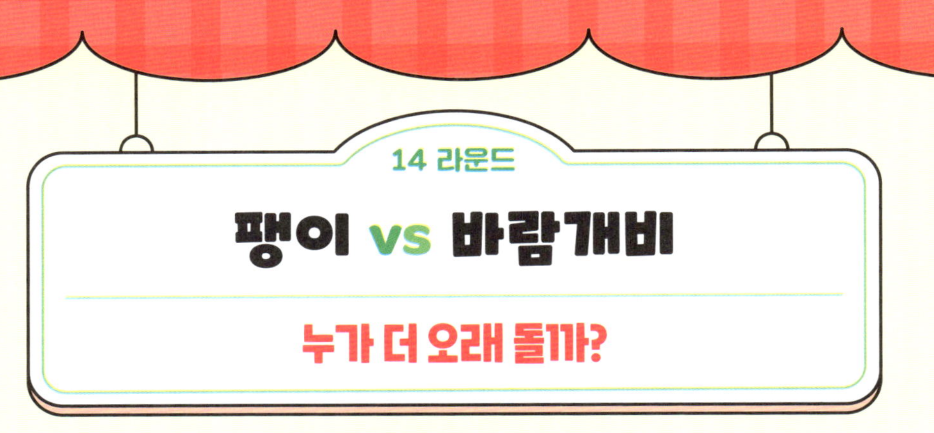
14 라운드
팽이 vs 바람개비
누가 더 오래 돌까?

계속
가는 거야~

#관성

빙글빙글 돌고 도는 장난감, 뭐가 있을까?

맞아, 팽이! 옛날에 엄청 인기가 많았던

만화가 있는데, 서로 팽이를 돌려서

부딪치게 하는 대결이 흥미진진했어.

돌고 도는 장난감 하면 바람개비도 빼놓을 수 없지.

바람에 휘돌아 가는 바람개비를 보고 있으면

가슴속까지 시원해지는 기분이야.

어떤 힘이 이것들을 돌아가게 하는 걸까?

교과 연계

초등 3학년 1학기	힘과 우리 생활
초등 5학년 2학기	자원과 에너지
중학 1학년 2학기	힘의 작용

나 계속 가던 길 갈래!

팽이 돌려 본 적 있어? 팽이 아랫부분에 줄을 둘둘 감아서 세게 잡아당기거나, 꼭지를 손가락으로 튕기듯 돌려 주면 팽이가 힘을 받아서 돌아가기 시작하지. 이때 멈추지 않고 한동안 계속 돌아가는 것은 바로 **관성** 때문이야.

관성은 물체가 현재 운동 상태를 유지하려는 성질이야. 예를 들어 길을 걷다 턱에 걸려 넘어지는 것도 관성이 있어서지. 발은 멈췄는데 몸은 그대로 앞으로 나아가려고 하니까 기우뚱하고 넘어지는 거야.

관성은 우주에서도 작용해. 만약 우주인이 로켓 안에서 물건을 살짝 밀면, 그 물건은 같은 방향과 속도로 계속 움직여. 언제까지? 물건의 반대쪽으로 힘을 줄 때까지 계속!

하지만 지구에서 움직이는 물체는 관성이 있음에도 결국 서서히 멈추게 돼. 마찰과 공기가 움직임을 방해하기 때문이지.

무거울수록 관성의 노예

관성은 질량이 클수록 그 힘이 커져. 그래서 무거운 물체일수록 움직이기 힘들고, 움직이는 물체를 멈추기도 어려워.

예를 들어 오토바이, 승용차, 버스가 나란히 서 있다고 생각해 봐. 출발 신호에 누가 가장 빨리 움직일까? 정답은 오토바이야. 부웅~ 소리를 내면서 오토바이가 빠르게 나가고, 다음은 승용차가 따라가. 버스는 낮고 큰 엔진 소리를 내면서 천천히 출발하지. 덤프트럭이 있다면 버스보다 더 느릴 거야.

앞으로 가는 물체뿐 아니라 뱅뱅 도는 물체 역시 계속 자기 상태를 유지하려고 하는데 이를 **회전 관성**이라고 하지. 물론 회전 관성도 물체의 질량이 클수록 커져서 더 세게 돌아.

바람아 불어라, 날 돌려라!

팽이 역시 회전 관성 덕분에 도는 거야. 팽이를 더 오래 돌게 하려면 어떤 팽이를 선택하는 게 좋을까? 무거울수록 관성이 더 크잖아. 가벼운 플라스틱 팽이보다는 무거운 금속 팽이가 더 오래 회전하겠지.

바람개비가 도는 원리는 팽이하고 좀 달라. 애초에 날개를 비스듬하게 만든 덕에 바람의 힘으로 돌아가거든. 팽이는 바람이 없어도 계속 돌지만, 바람개비는 바람 없이는 멈추고 말아.

더 있소!

바람개비를 아주 크게 만든 것이 바로 풍차야. 옛날 사람들은 힘든 농사일에 풍차를 이용했어. 바람의 힘으로 물을 퍼 올리거나 맷돌을 돌려 곡식을 빻을 수 있었지.

생활 속 과학

너의 존재를 느껴, 관성!

1. 버스 안에서

버스가 갑자기 멈추면 몸이 앞으로 쏠린다. 몸이 계속 움직이려는 관성 때문에 생기는 현상으로, 손잡이를 잡고 서 있어야 안전하다.

2. 간을 맞출 때

소금통을 거꾸로 들고 아래로 툭 쳐 보자. 통은 멈추지만 안에 있는 소금은 계속 움직이려고 해서 밖으로 밀려 나온다.

3. 축구장에서

축구공이 한참 굴러가는 건 공이 움직이던 상태를 유지하려는 관성 때문이다. 다만 바닥의 마찰과 공기 저항 때문에 점점 느려지다 멈추는 것이다.

4. 자전거를 탈 때

자전거는 페달을 멈춰도 잠깐 앞으로 나아간다. 이 역시 자전거가 움직이던 상태를 그대로 유지하려 하기 때문이다. 바닥이 미끄러우면 마찰이 적어 훨씬 오래 굴러간다.

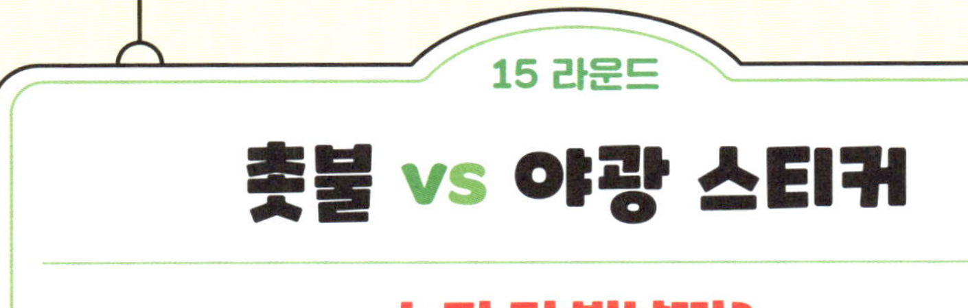
15 라운드
촛불 vs 야광 스티커
누가 더 빛날까?

내가 제일 빛나!

#에너지

방 천장에 야광 별 스티커를

붙여 본 적 있어? 밤에 자려고 불을 끄면

꼭 밤하늘의 별처럼 반짝거리지.

야광 스티커의 빛은 촛불처럼

환하진 않지만 은은하게

오래가는 것이 특징이야.

촛불과 야광 스티커가 각각 어떤 원리로

빛을 내는지 파헤쳐 보자.

교과 연계

초등 3학년 2학기	물체와 물질
초등 5학년 1학기	빛의 성질
초등 6학년 2학기	물질의 연소

탄소 화합물을 태워 주변을 밝히리

우리가 살아가려면 **에너지**가 필요해. 그래서 영양소가 든 음식을 먹지. 이것들은 모두 탄소(C)를 포함한 **탄소 화합물**로 이루어져 있어.

그럼 양초는 무엇으로 이루어져 있을까? 바로 왁스야. 석유에서 뽑아낸 파라핀 왁스, 콩기름으로 만든 소이 왁스 등이지. 이것들 역시 모두 탄소 화합물이야. 그러니까 양초가 타면서 에너지를 낼 수 있는 거야.

양초의 가운데에 면으로 된 심지가 박혀 있어. 심지에 불을 붙이면 양초가 녹아서 촛농이 돼(고체→액체). 촛농은 심지를 타고 올라와서 기체 상태인 파라핀으로 변하며 타오르지(액체→기체). 이때 빛 에너지와 열 에너지가 생겨 주위를 따뜻하게 밝혀 줘.

빛을 아꼈다가 나중에 쓸지니

야광 스티커는 불을 붙이지도 않았는데 어떻게 어두운 곳에서 혼자 빛을 내는 걸까?

앞서 26쪽에서 형광에 대해 배운 거 기억나? 형광 물질이 '보이지 않는 빛'을 흡수했다가 그 에너지를 바로 '보이는 빛'으로 바꾸어 낸다고 했잖아. 그래서 형광펜, 형광 조끼 등 형광 물질로 만든 건 불을 끄면 보이지 않지.

반면에 야광 물질은 불을 꺼야 보여. 밝을 때 빛 에너지를 저장해 두었다가 주변이 어두워지면 그 에너지를 '천천히' 내보내면서 빛을 내거든. 엄청 알뜰하지?

야광 물질의 비밀은 금속 화합물로 이루어진 가루에 있어. 이 고운 가루를 플라스틱, 접착제 등과 섞어 야광 스티커를 만드는 거야.

스스로 만드는 건 못 이기지

정리하자면 촛불의 빛은 화학 에너지가 빛 에너지로 바뀐 거야. 야광 스티커의 빛은 빛 에너지를 저장했다가 다시 빛 에너지로 쓰는 거고. 둘 다 에너지로 주위를 밝히는 셈이지.

하지만 촛불은 양초가 다 타서 없어질 때까지 계속해서 에너지를 새로 만들잖아. 반면에 야광 스티커는 한번 빌려 온 에너지를 천천히 꺼내 쓰기만 해.

결국 더 빛나는 건, 에너지를 새로 만드는 촛불일 수밖에 없지!

더 있소!

예전에는 어둠을 밝히기 위해 촛불을 썼지만 요즘에는 다양한 기능이 더해졌어.

★ 향초: 향료를 넣어서 좋은 향기를 내.

★ 벌레 퇴치용 캔들: 모기가 싫어하는 성분이 들어 있어.

★ 스파클링 캔들: 불꽃이 튀거나 반짝여서 파티에 어울려.

생활 속 과학

촛불 속에 이렇게 많은 과학이?

1. 연소

양초에 불을 붙이면 왁스 성분(탄소 화합물)이 산소와 결합해 에너지를 내고, 물과 이산화탄소로 분해된다.

2. 모세관 현상

열에 녹아 액체가 된 왁스가 심지를 따라 올라가는 현상이다. 심지에 불이 붙는 것처럼 보이지만 실제로는 기체가 된 왁스가 타는 것이다.

3. 촛불의 구조

촛불의 불꽃을 자세히 보면 여러 색으로 나뉘어 있다. 가운데의 밝은 노란색은 탄소 입자가 열을 받아 빛나는 부분이고, 바깥쪽의 푸른색은 산소가 충분해서 완전한 연소가 일어나는 부분이다.

4. 대류 현상

따뜻한 공기나 물이 위로 올라가고, 차가운 공기나 물이 아래로 내려오는 움직임을 말한다. 촛불 주위에도 대류 현상이 일어난다.

다른 인스타그램

뉴스레터 구독

다있소 과학 1
최고의 문구왕을 찾아라

초판 1쇄 2026년 3월 10일
초판 3쇄 2026년 3월 31일

지은이 윤자영
그린이 노이신

펴낸이 김한청
기획편집 원경은 차언조 양선화 양희우 장민기
마케팅 정원식 이진범
디자인 이성아 황보유진
운영 설채린

펴낸곳 도서출판 다른
출판등록 2004년 9월 2일 제2013-000194호
주소 서울시 마포구 동교로 27길 3-10 희경빌딩 4층
전화 02-3143-6478 **팩스** 02-3143-6479 **이메일** khc15968@hanmail.net
블로그 blog.naver.com/darun_pub **인스타그램** @darunpublishers

SBN 979-11-5633-756-0 74400
979-11-5633-755-3 (세트)

* 잘못 만들어진 책은 구입하신 곳에서 바꿔 드립니다.
* 이 책은 저작권법에 의해 보호를 받는 저작물이므로, 서면을 통한 출판권자의 허락 없이 내용의 전부 또는 일부를 사용할 수 없습니다.

다른어린이 다른어린이는 도서출판 다른의 아동 브랜드입니다.